Snežana Stefanović

Serbisch: Lesebuch

"Idemo dalje 4"

Sprachstufe A2 – B1

Lesetexte in lateinischer und kyrillischer Schrift
mit Vokabelliste

2. Ausgabe

Impressum

www.serbisch-lernen.com

Herstellung und Druck über tolino media GmbH & Co. KG,
Albrechtstr. 14, 80636 München. Printed in Germany.
Fragen zu Produktsicherheit an: gpsr@tolino.media.

SADRŽAJ – САДРЖАЈ

Vorwort

Serbisch: Lesebuch «Idemo dalje 4» Sprachstufe A2-B1 besteht aus zwei Kurzgeschichten: "Ponovni susret" und "Pesma ‚U tom Somboru'". Die beiden Kurzgeschichten sind sowohl in lateinischer als auch in kyrillischer Schrift verfasst. Auf diese Weise übt der/die Lernende mithilfe von einfachen Lesetexten nicht nur den Wortschatz und die Syntax der serbischen Sprache auf dem Sprachniveau A2-B1, sondern gleichzeitig auch die kyrillische Schrift. Vom grammatikalischen Standpunkt her sind die Texte und die Themen speziell für die Sprachstufe A2-B1 gemäß GERS (Gemeinsamer europäischer Referenzrahmen für Sprachen) angepasst.

Als weitere Hilfe und einen Überblick bietet die Tabelle in der Buchmitte das Alphabet in kyrillischer Schrift an. Am Buchende befindet sich die Vokabelliste Serbisch – Deutsch.

Ponovni susret

Branislav je stajao pred ogledalom u kupatilu i vezao je kravatu. Vezao je polako šarenu, malo staromodnu kravatu i bio je dobro raspoložen. Nije ni sam znao zašto. Imao je razgovor za posao. On se nikad nije bojao razgovora za posao. Bio je elokventan, uvek opušten i voleo je da priča s ljudima. Osim toga čekao ga je razgovor za posao preko skajpa.

To je bio plus – skajp. On je voleo kameru. Voleo je da bude u centru pažnje i da ga ljudi slušaju. Možda zato što je nekad davno hteo da bude glumac. U gimnaziji je bio u glumačkoj sekciji, bio je glavna zvezda u svakoj predstavi i voleo je da stoji na pozornici. «Trebao sam biti glumac...» - pomislio je sada Branislav. «Zašto sam otišao u privredu? Šta mi je to trebalo?»

Branislav je zavezao kravatu. Nasmešio se svojoj slici u ogledalu i pogledao svoje gole noge. Nosio je samo košulju, odelo ga je čekalo u spavaćoj sobi.

Na putu u spavaću sobu on je zapevao svoju omiljenu starogradsku pesmu.

U tom Somoboru svega na volju,

svega ima to j´ istina,

pa i žene piju vina

u tom Somboru.

U spavaćoj sobi je na krevetu ležalo njegovo tamno odelo: pantalone i sako. Branislav je razmišljao kratko, a onda je nastavio da peva pesmu, ali ne sledeću strofu nego zadnju strofu koju je najviše voleo:

Ženiću se ja, žena mi treba,

koja znade dobro radit´,

a ja ću se gospodarit´

po tom Somboru.

Dok je pevao, proverio je da li su pantalone čiste. Video je mrlju i pokušao je da je istrlja, ali mrlja nije nestala. Onda je pogledao sako. On je bio u redu, izgledao je kao nov. Obukao ga je i onda otišao do ormana. Otvorio je orman i razmišljao koje pantalone da obuče. U ormanu su visila još dva odela: jedno venčano odelo koje mu je sada sigurno bilo premalo i još jedno odelo koje je kupio pre par godina. I to drugo odelo nije bilo bolje od odela na krevetu. Bilo je iznošeno i zgužvano jer ga je nosio često i rado.

«Da li mi uopšte treba odelo?» - pomislio je Branislav.

Onda je pogledao pantalone na krevetu i obukao ih je.

«Ah, na skajpu se ne vidi da li pantalone imaju mrlju ili ne...»

Pogledao je na sat. Bilo je pet minuta do pet.

Otišao je u dnevnu sobu, seo za pisaći stol i uključio skajp na kompjuteru.

Čekao je kratko, i posle par minuta čuo je poziv. Uskoro se pojavila i slika sa ženskom glavom. Branislav je pripremio pozu i nakašljao se.

Mlada žena se nasmešila:

- Dobar dan!

- Dobar dan! – rekao je Branislav veselo.

- Ja sam Sanja Dobovac, vaša sagovornica za razgovor za posao.

- Drago mi je. Ja sam Branislav Zorić.

Mlada žena se opet nasmešila i rekla:

- Moram da vam odmah kažem da sam dobila vaše papire pre minutu jer je moja koleginica bolesna i ...

Branislav ju je prekinuo:

- Sanja Dobovac?

- Da.

- ... Sanjica? ... Jesi to ti?

- Molim?

- Sanjica iz druge klupe levo?

Devojka je bila nesigurna:

- Da...

- Škola na Voždovcu?

- ... Da?

- Osnovna škola Đura Daničić na Voždovcu?

- Da.

- Zar me ne poznaješ? To sam ja. Branslav. Brane.

Sada je devojka razvukla usta u osmeh:

- Brzi Brane?

- Da, da, brzi Brane.

- Nemoj da se šališ! To si ti?

- Da, to sam ja. – potvrdio je Branislav.

- Pa kako to izgledaš? Gde ti je kosa? I kako sada imaš okruglu glavu!

- Hahahahaha, okruglu glavu! – smejao se Branislav. – A kako ti imaš veliku glavu! Valjda zbog loše frizure! Hahahahahaha ...

Sanja se i dalje smejala:

- I vicevi su ti ostali loši! Hahahaha ... Bio si brz u basketu, ali spor u glavi.

Branislav se isto dalje smejao:

- Ah, Sanjice, moji vicevi nisu loši – ti ih i dalje ne razumeš! Hahahahaha. Bila si mnogo pametna, ali nikad nisi kapirala dobre fazone. Hahahahaha ... Znaš šta sam pevao pre ovog razgovora? ... Ne bi verovala! «U tom Somboru». Tvoju omiljenu pesmu.

- Stvarno?

- Da. Pevao sam tu pesmu i ti kao da si je čula, hahahahaha ...

Branislav je ponovo zapevao:

- «U tom Somboru svega na volju...»

Sanja ga je prekinula:

- Daj, Brane, nemoj da mi sad pevaš, imaš loš glas...

Branislav je odgovorio:

- Imam super glas. Svi su govorili kako super pevam.

- Znam, znam, bio si glavni tip u našem odeljenju.

- A ti si bila najpametnija devojka koju sam upoznao u celom mom životu.

Sanja se odjednom zbunila:

- Je li?

- Da ... Pa šta radiš?

- Gde – ovde?

- Da, tu na ekranu, hahahahahaha...

- Čekam tvoj poziv, hahahahaha. Malo je potrajalo. Ima već 15 godina. Već imamo 30 godina, Brane. Znaš to?

Brane se nasmejao:

- Ja ne znam kako je kod tebe, ali ja se osećam kao da imam 20. A kako se osećaš, toliko si i star.

- Da, večno dete, hahahahaha...

- Kod tebe se ne vide godine. Ti izgledaš jednako lepo kao pre 15 godina.

Sanja je zastala:

- ... Da?

- Da, da. Izgledaš sjajno. Znaš da sam bio zaljubljen u tebe?

- ... Ti u mene? ... Ma daj!

- Da, stvarno. Bio sam zaljubljen u tebe preko ušiju.

- Nije istina. Nisi bio zaljubljen u mene, bio si zaljubljen u Megi. U našu lepu Megi.

- Nisam.

- ... Nisi? Hahahahaha. A zašto si onda oženio Megi? I to odmah posle mature. Naša lepa Megi i naš lepi Brane nisu došli do univerziteta jer ljubav je bila prejaka. Zar ne?

- Nije bilo tako. – rekao je Branislav.

- Ne? Je li te možda ona molila da je oženiš?

Branislav je sada postao ozbiljan:

- Da, ona me je molila.

Sanja je sada zastala. Onda je posle pauze rekla:

- Ah, pustimo to.

- Megi me je molila da je oženim jer je imala problema.

- Kakvih problema?

- Problema sa stomakom.

- ... Sa stomakom?

- Da. Imala je dete u stomaku.

- ... Hoćeš da kažeš da je bila trudna?

- Da.

Sanja je kratko razmišljala:

- Tvoje dete?

Posle kratke pauze Branislav je rekao:

- Ne, to nije bilo moje dete.

Sanja je kratko gledala Branislava:

- I ti si bio džentlmen?

- Da.

- ... Zašto, ako smem da pitam?

- Kad me ti nisi htela.

- Ma daj!

- Ma ozbiljno!

- Nemoj da pričaš gluposti!

- Zašto si stalno gledala onog štrebera Sinišu? On je bio stariji i ja nisam imao nikakve šanse.

- Bre Brane, Siniša je moj rođak.

- ... Rođak?

- Ma da, rođak. Zar nisi to znao?

- ... Tvoj rođak?

- Da, familija Pavlović je u rodu s nama.

- ... Da?

- Da.

- Ah, tako ... E, to nisam znao ... Ah, da sam znao!

Sanja se nasmejala:

- Da si znao, ti bi me oženio i mi bismo bili večno zajedno. Dok nas smrt ne rastavi, zar ne? Hahahahahaha ...

- Hahahahaha, tako je. I sada te ne bih molio za posao.

Oni su se smejali još kratko, a onda je Sanja rekla:

- Brane, zašto tražiš posao? I zašto si u Somboru?

- Preselio sam se s Megi dve godine posle venčanja. Megi je iz Sombora.

- Ah, da, ona je iz Sombora. A zašto tražiš posao? Pre pet-šest godina neko mi je rekao da imaš super firmu.

- Imao sam super firmu, to je istina. Ali sada više nemam firmu.

- Prodavao si mašine za pakovanje meda, zar ne?

- Da. Otkud znaš?

- Čula sam.

Branislav je uzdahnuo:

- Da, sve je bilo super, ali onda me je moj kolega mehaničar napustio i zato više niko nije mogao da održava naše mašine.

- I zato je tvoja firma otišla u konkurs?

- Hahahahaha. Da. Kako znaš? ... Imao sam jednu mušteriju koja je kupila sedam mašina i sve mašine su se pokvarile. Pravi baksuz. Moj kolega me je ostavio i ja nisam mogao da održavam mašine. Mušterija me je tužila i dobila je proces. Samo ja mu nisam mogao ništa da platim jer u međuvremenu niko nije hteo da kupi mašine koje nemaju servis za opravke.

Sanja je kratko gledala Branislava:

- Znaš, Brane, ta mušterija – to je bio moj muž.

Nastala je pauza. Onda je Branislav rekao:

- ... Jovan Ilić?

- Da.

- Ali ti si rekla da se prezivaš Dobovac.

- Razveli smo se i ja sam uzela moje devojačko prezime.

- Oh ... Ozbiljno? ... Žao mi je. Baš mi je žao, Sanjice.

- Moj bivši muž je kupio tvojih sedam mašina, mašine su se pokvarile i on je morao odustati od proizvodnje meda.

- Sanjice, nisam znao ... Ozbiljno. Megi me je ostavila i bio sam zbog toga paralizovan, nisam više gledao tako mnogo šta se događa s firmom i s mašinama. I onda nisam imao više mušterija i ...

Sanja je hladno rekla:

- Moj muž je izgubio sve mušterije koje su kupovale med na veliko.

- Baš mi je krivo. Stvarno. Da sam znao da je to bio tvoj muž, ja bih ...

Sanja ga je prekinula:

- Šta bi ti?

- Ne znam, nešto bih napravio ... Nadam se da se niste razveli zbog meda i zbog glupih mašina.

Opet je nastala pauza. Nakon kratkog Sanja je rekla:

- Ne, med nije bio razlog.

- Onda mora da je bilo u pitanju mleko.

- ... Kakvo mleko?

- Znaš kako se kaže: u braku teče med i mleko. Pa ja razmišljam: ako nije zbog meda, onda mora da je zbog mleka.

- U braku teče med i mleko? Hm, neobično poređenje ... Ali nije bilo ni zbog meda ni zbog mleka.

- To mi je drago ... Mislim, nije mi drago da si se razvela, ali bar nisam ja bio razlog za vašu rastavu braka.

- Razlog je bila druga žena.

- Oh ...

- Da. Ha! Žena koja se zove Jelena Tomašević – isto kao pevačica Jelena Tomašević. Zamisli! To je ironija sudbine – takmičiti se s takvom konkurencijom.

Branislav je gledao Sanju i progutao knedlu:

- ... Jelena Tomašević?

- Da. I jeste lepa kao Jelena Tomašević.

- ... Jelena Tomašević?

- Da.

- Čime se ona bavi?

- Radi na Poljoprivrednom univerzitetu kao profesorka ... Zašto tako gledaš? Da li je poznaješ?

- Sanjice, znaš ... ovaj ...

- Šta sad? Poznaješ je?

- Da ... Hoću reći, ona je ... moja rođakinja.

Sanja ga je gledala kratko. Nije znala kako da reaguje. Nakon nekog vremena počela je da se smeje:

- To je dobar vic! Hahahahahaha ... Tvoja familija je odlučila da uništi moju familiju i uspela je u tome, hahahahaha ... Imaš još nekoga u tvojoj familiji ko bi mogao da uništi još nekoga u mojoj familiji? Hahahahaha. Na primer, moja keva je udovica i mnogo je srećna, pa ako imaš nekoga da je upropasti ... hahahahaha ...

Branislav se nije smejao:

- Žao mi je, Sanjice, mnogo mi je žao. Stvarno ...

Sanja je odjednom prestala da se smeje i rekla je hladno:

- Ne zovi me Sanjica.

- Izvini.

Opet je nastala pauza. Nakon kratkog Branislav je rekao:

- Mogu li to nekako da ispravim?

Sanja je cinično uzvratila:

- Da, da, poznato je kako prošlost može da se ispravi ...

- Ako te teši, i ja imam propali brak iza sebe.

- To me ne teši.

- Ali možda će da te uteši ako ti ispričam kako je bilo.

Sanja je ćutala, a Branislav je nastavio:

- Znaš, kada je Megi rodila, ja sam bio najsrećniji tata na svetu. Dete nije bilo moje, ali to nije igralo nikakvu ulogu za mene. Dete je dete, ja sam odlučio da mu budem otac. Adoptirao sam našu malu Lelu i oficijelno. I sve je izgledalo lepo ... Sve dok se nije pojavio Dušan. Rođeni otac deteta.

Branislav je napravio kratku pauzu, a Sanja je rekla:

- To ne zvuči dobro.

- Ne, nije bilo dobro. Znaš kako neki ljudi nešto žele tek onda kada to drugi imaju. Tako je bilo i s Dušanom. Sad je zahtevao da viđa svoju ćerku iako je nije video tri godine. Megi je bila protiv, ali ja sam rekao da je to u redu. On jeste otac deteta i Lelica je imala pravo da to sazna. Bolje pre nego kasnije, tako sam razmišljao. I onda, godinu dana posle, jednog dana, Megi je jednostavno otišla s Lelicom Dušanu. Preselila se kod njega. Samo tako, bez najave, kao u filmovima – došao sam kući i našao prazne ormane. Ni poruke, ni mrzim te, ni izvini, ni žao mi je, ništa. Danima nije htela ni da se javi na mobilni.

- To je stvarno užasno ... – rekla je tiho Sanja.

- I znaš šta je bilo na kraju? Kao šećer? ... Megi i ja smo se razveli, ali pošto je Megi ostala bez posla, a Dušan ionako nikad nije imao posao niti je tražio posao, ja sada moram da plaćam alimentaciju za Lelicu i za Megi.

- Oh ...

- Da. – tiho je rekao Branislav.

- Imaš bar još uvek kontakt s detetom?

- Imam, vidimo se svaki vikend. Ona me zove «tata», a Dušan je «drugi tata». Ja sam za nju pravi tata. Znam da to nije lepo, ali to je ipak moja satisfakcija.

- Shvatam ...

- Da, to je moja priča.

- Nisam znala. – rekla je Sanja.

Branislav je uzdahnuo:

- Tako da sada plaćam prilično visoke svote – i alimentaciju i dugove firme.

Sanja je pogledala u papire ispred sebe:

- A gde si do sada radio?

- Radio sam kod jednog poznanika u njegovom restoranu kao konobar i vodio sam mu knjige. Ali više ne, ni njemu više ne ide dobro posao. Tja ... I to se sve dogodilo samo zato jer mi nismo bili ljubavni par u školi.

Sanja se nasmešila:

- Misliš?

Branislav se isto nasmešio:

- Naravno. Mi smo trebali da se venčamo i da imamo decu. I to sada nikako ne smemo da propustimo.

- Kako to misliš?

- Moramo bar da pokušamo.

- Šta da pokušamo?

- Da vidimo šta smo propustili.

- I kako ćemo to da vidimo?

- Evo ovako: ja te pozivam na kafu – to će da bude naš propušteni sastanak.

Sanja se sada smejala:

- Brane, ti si u Somboru, ja sam u Beogradu.

- Ja dolazim u subotu ionako u Beograd kod brata u posetu.

- Hm ... I šta ćemo da radimo na našem propuštenom sastanku?

- Popićemo kafu, to sigurno. – rekao je Branislav veselo.

- Ja ne pijem kafu.

- Onda možeš da gledaš kako ja pijem kafu.

Sanja se opet nasmejala:

- Ja sam mislila da ćeš da kažeš da ja mogu da pijem čaj dok ti piješ kafu.

Branislav je rekao:

- Ne, takav sastanak imaju drugovi ili poznanici. Naš sastanak će da bude drugačiji. Ja ću da pijem kafu, a ti ćeš da me gledaš.

- Zvuči tako glupo da moram da pristanem.

- Da, moraš da pristaneš. – rekao je Branislav.

- U redu. Onda pristajem.

- Hvala ti. Ipak možda možemo da promenimo našu istoriju.

- A što se tiče ovog razgovora za posao ...

- Da?

- Ja ću da kažem koleginici da se nisi javio.

Branislav je rekao naoko razočarano:

- Oh ...

Posle kratke pauze Sanja se nasmejala:

- Sad više ne želiš da piješ kafu sa mnom?

I Branislav se nasmejao:

- Ne. Sada želim da idem na ručak s tobom. Ali ti moraš da platiš ručak jer sam ja još uvek nezaposlen.

Čuo se Sanjin smeh. Branislav je rekao:

- Sada ti ne želiš da se nađeš sa mnom?

Sanja je rekla:

- To ne bi bilo fer.

- Znači – dogovoreno?

- Dogovoreno.

- U subotu u jedan, restoran «To je to». Moj brat me je tamo jednom odveo i bilo je mnogo zgodno i prilično jeftino.

- Ne. – odgovorila je Sanja.

- Ne?

- Ne. To je jeftin restoran. Idemo u «Gandolfini». To je dobar i skup restoran.

- Dobro, ali ja mnogo jedem.

- Ako neću imati da platim, ostaćeš da pereš tanjire.

Branislav se nasmejao:

- Važi.

- Važi.

- Onda do subote, Sanjice!

- Do subote!

- Baš mi je drago da smo se videli ...

- I meni ...

Pesma «U tom Somboru»

Originalni tekst pesme je sledeći:

U tom Somoboru svega na volju,

svega ima to j´ istina,

pa i žene piju vina

u tom Somboru.

Od kako je ta naša varmeđa,*
*od ta doba naše snaše***
zavoleše tamburaše
u tom Somboru.

*Od kako je taj arteski bunar***,*
od to doba gra´ se kuva,
a šunka se bolje čuva
u tom Somboru.

Ženiću se ja, žena mi treba,
koja znade dobro radit´,
a ja ću se gospodarit´
po tom Somboru.

* varmeđa (*Ung.* *vármegye: Verwaltungsgebiet*) – Verwaltungsgebietgebäude; Verwaltungsgebiet in der Österreich-Ungarischen Monarchie; Kleinstadt

** snaša - Schwiegertochter; Junge unverheiratete Tante; (*umgs.*) junge Frau

*** arteski bunar – artesischer Brunnen: das Wasser in

solchem Brunnen liegt in einer Senke in der Erde und da es unter Druck liegt, steigt das Wasser von selbst hoch.

Ovo je slobodni prevod pesme na nemački:

In dieser Sombor-Stadt

In dieser Somobor-Stadt
gibt es alles was dein Herz begehrt,
es gibt wahrlich alles,
sogar Frauen trinken Wein
in dieser Sombor.

Seit es diese unsere Varmedja gibt,
seit dieser Zeit haben unsere jungen Frauen
Tamburizzaspieler gern,
in dieser Sombor-Stadt.

Seit es diesen artesischen Brunnen gibt,
seit dieser Zeit werden Bohnen gekocht
und auf den Schinken wird besser aufgepasst,
in dieser Sombor-Stadt.

Ich werde heiraten, ich brauche eine Frau,
welche gut arbeiten kann,
und ich werde herumprotzen,
in dieser Sombor-Stadt.

Pesma «U tom Somboru» je starogradska pesma koja se rado peva. Starogradske pesme su tradicionalne narodne pesme koje su nastale u urbanim sredinama. Nastale su u 19. i 20. veku, a u Srbiji je to bilo u gradovima kao što su Beograd, Novi Sad, Sombor, Šabac itd. Starogradske pesme su popularne na celom Balkanu i govore o gradskim temama, o životu u gradu, o ljubavima, o poznatim ljudima, o osećajima itd.

Instrumenti na kojima se svira starogradska muzika su tamburica, violina ili klarinet dok se tipične tradicionalne narodne pesme sviraju na fruli, gajdama i drugim narodnim instrumentima. Početkom 20. veka građansko stanovništvo u urbanim sredinama razvilo je svoju kulturu i tako je stvorilo i vlastitu muziku. Ta «moderna» muzika se nije bavila folklornim temama kao selo, seljaci, radovi u polju itd. nego je akcentuirala gradsku kulturu. Zato su i instrumenti bili drugačiji. Neki istoričari muzike kažu da je tamburica došla s istoka iz porodice istočnih žičanih instrumenata i raširila se preko Turske po celom Balkanu. Tamburica tako nije bila «domaći» instrument i postala je deo «moderne» gradske muzike. Ta «moderna» gradska muzika se danas naziva starogradska muzika.

Ovde je par interesantnih stvari u pesmi «U tom Somboru».

U pesmi postoji sledeći stih u prvoj strofi:

od ta doba naše snaše

zavoleše tamburaše

Starogradske pesme su bile simbol modernizma i kao svaka moda mladi su je brzo prihvatili. Tamburica i tamburaši su bili simboli grada i napretka i mladi (pogotovo mlade devojke) su našle u tamburašima svoje nove idole. Tradicionalne narodne pesme koje su svirali «paori» na frulama ili gajdama bile su simbol primitivne i jednostavne kulture kako se to tada tumačilo.

Takođe i sledeći stih je interesantan:

Od kako je taj arteski bunar,

*od to doba gra´ *se kuva,*

a šunka se bolje čuva

** gra´(umgs.) = grah = pasulj – Bohnen*

Voda u arteskom bunaru je mekana i svako jelo se brže i lakše skuva u vodi iz arteskog bunara. Osim toga takva jela prijaju mnogo bolje nego kad se kuvaju u vodi iz klasičnih bunara koji su plitki i čija voda je tvrda. Kad pasulj (grah) prija, onda se on i češće kuva, a kad je pasulj češće na stolu, onda domaćice mogu da štede na skupoj šunki.

O autoru pesme „U tom Somboru“ Blašku Markoviću

Blaško Marković je rođen 1876. god. u Somboru, a umro je u Przemislu/Poljska 1915. godine.

On je bio po zanimanju zidar i veoma je voleo muziku. Svirao je tamburicu u jednom tamburaškom orkestru – u to vreme su postojala u Somboru četiri mađarska orkestra i pet srpskih orkestara odnosno tamburaških «bandi». Blaško Marković je pisao i igrokaze i pesme. On je bio i socijalno angažovan. Borio se za radnička prava i bio je jedan od organizatora prvomajskih parada u Šikari kod Sombora. U prvom svetskom ratu je mobilizovan u austrougarsku vojsku i poslan u Galiciju. Tamo je poginuo u mestu Przemislu.

Pesma «U tom Somboru» je napisana verovatno krajem 19. ili početkom 20. veka i bila je samo lokalno popularna. Tek 60-tih godina 20. veka popularizovana je preko radija i gramofonskih ploča i postala je hit.

70-tih godina u tadašnjoj veoma popularnoj TV seriji «Obraz uz obraz» pesma je pevana na završetku emitovanja serije i umesto «U TOM Somboru» pevano je «U TEM Somboru». Razlog je bio što je autor Blaško Marković bio Bunjevac, pripadnik nacionalne manjine u Vojvodini, a u bunjevačkom dijalektu se umesto «tom» kaže «tem». Iako u originalnom tekstu stoji «tom», danas se često peva «U tem Somboru».

Pesmi «U tom Somboru» su posle dodavane takođe nove strofe. No bez obzira na promene, pesma je i danas veoma omiljena i rado se peva. Najpoznatiji izvođač te pesme bio je, i još uvek jeste, Zvonko Bogdan koji je rođen u Somboru.

Alphabet in lateinischer und kyrillischer Schrift

A, a	B, b	C, c	Č, č	Ć, ć
А, а	**Б, б**	**Ц, ц**	**Ч, ч**	**Ћ, ћ**
D, d	Đ, đ	Dž, dž	E, e	F, f
Д, д	**Ђ, ђ**	**Џ, џ**	**Е, е**	**Ф, ф**
G, g	H, h	I, i	J, j	K, k
Г, г	**Х, х**	**И, и**	**Ј, ј**	**К, к**
L, l	Lj, lj	M, m	N, n	Nj, nj
Л, л	**Љ, љ**	**М, м**	**Н, н**	**Њ, њ**
O, o	P, p	R, r	S, s	Š, š
О, о	**П, п**	**Р, р**	**С, с**	**Ш, ш**
T, t	U, u	V, v	Z, z	Ž, ž
Т, т	**У, у**	**В, в**	**З, з**	**Ж, ж**

Die Texte «Ponovni susret» und Pesma «U tom Somboru» in kyrillischer Schrift

Поновни сусрет

Бранислав је стајао пред огледалом у купатилу и везао је кравату. Везао је полако шарену, мало старомодну кравату и био је добро расположен. Није ни сам знао зашто. Имао је разговор за посао. Он се никад није бојао разговора за посао. Био је елоквентан, увек опуштен и волео је да прича с људима. Осим тога чекао га је разговор за посао преко скајпа.

То је био плус – скајп. Он је волео камеру. Волео је да буде у центру пажње и да га људи слушају. Можда зато што је некад давно хтео да буде глумац. У гимназији је био у глумачкој секцији, био је главна звезда у свакој представи и волео је да стоји на позорници. ”Требао сам бити глумац...” – помислио је сада Бранислав. ”Зашто сам отишао у привреду? Шта ми је то требало?”

Бранислав је завезао кравату. Насмешио се својој слици у огледалу и погледао своје голе ноге. Носио је само кошуљу, одело га је чекало у спаваћој соби.

На путу у спаваћу собу он је запевао своју омиљену

старогрдску песму.

У том Сомбору свега на вољу,

свега има то ј´ истина,

па и жене пију вина

у том Сомбору.

У спаваћој соби је на кревету лежало његово тамно одело: панталоне и сако. Бранислав је размишљао кратко, а онда је наставио да пева песму, али не следећу строфу него задњу строфу коју је највише волео:

Женићу се ја, жена ми треба,

која знаде добро радит´,

а ја ћу се господарит´

по том Сомбору.

Док је певао, проверио је да ли су панталоне чисте. Видео је мрљу и покушао је да је истрља, али мрља није нестала. Онда је погледао сако. Он је био у реду, изгледао је као нов. Обукао га је и онда отишао до ормана. Отворио је орман и размишљао које панталоне да обуче. У орману су висила још два одела: једно венчано одело које му је сада сигурно било премало и још једно одело које је купио пре пар година. И то друго одело није било боље од одела на кревету. Било је изношено и згужвано јер га је носио често и радо.

"Да ли ми уопште треба одело?" – помислио је Бранислав.

Онда је погледао панталоне на кревету и обукао их је.

"Ах, на скајпу се не види да ли панталоне имају мрљу или не..."

Погледао је на сат. Било је пет минута до пет.

Отишао је у дневну собу, сео за писаћи стол и укључио скајп на компјутеру.

Чекао је кратко, и након пар минута чуо је позив. Ускоро се појавила и слика са женском главом. Бранислав је припремио позу и накашљао се.

Млада жена се насмешила:

- Добар дан!

- Добар дан! – рекао је Бранислав весело.

- Ја сам Сања Добовац, ваша саговорница за разговор за посао.

- Драго ми је. Ја сам Бранислав Зорић.

Млада жена се опет насмешила и рекла:

- Морам да вам одмах кажем да сам добила ваше папире пре минуту јер је моја колегиница болесна и ...

Бранислав ју је прекинуо:

- Сања Добовац?

- Да.

- ... Сањица? ... Јеси то ти?

- Молим?

- Сањица из друге клупе лево?

Девојка је била несигурна:

- Да ...

- Школа на Вождовцу?

- ... Да?

- Основна школа Ђура Даничић на Вождовцу?

- Да.

- Зар ме не познајеш? То сам ја. Бранислав. Бране.

Сада је девојка развукла уста у осмех:

- Брзи Бране?

- Да, да, брзи Бране.

- Немој да се шалиш! То си ти?

- Да, то сам ја. – потврдио је Бранислав.

- Па како то изгледаш? Где ти је коса? И како сада имаш округлу главу!

- Хахахахахаха, округлу главу! – смејао се Бранислав. – А како ти имаш велику главу! Ваљда због лоше фризуре! Хахахахахаха ...

Сања се и даље смејала:

- И вицеви су ти остали лоши! Хахахахаха ... Био си брз у баскету, али спор у глави.

Бранислав се исто даље смејао:

- Ах, Сањице, моји вицеви нису лоши – ти их и даље не разумеш! Хахахахаха. Била си много паметна, али никад ниси капирала добре фазоне. Хахахахаха ... Знаш шта сам певао пре овог разговора? ... Не би веровала! ”У том Сомбору”. Твоју омиљену песму.

- Стварно?

- Да. Певао сам ту песму и ти као да си је чула, хахахахаха ...

Бранислав је поново запевао:

- ”У том Сомбору свега на вољу ...

Сања га је прекинула:

- Дај, Бране, немој да ми сад певаш, имаш лош глас ...

Бранислав је одговорио:

- Имам супер глас. Сви су говорили како супер певам.

- Знам, знам, био си главни тип у нашем одељењу.

- А ти си била најпаметнија девојка коју сам упознао у целом мом животу.

Сања се одједном збунила:

- Је ли?

- Да ... Па шта радиш?

- Где – овде?

- Да, ту на екрану, хахахахаха ...

- Чекам твој позив, хахахахаха. Мало је потрајало. Има већ 15 година. Већ имамо 30 година, Бране. Знаш то?

Бране се насмејао:

- Ја не знам како је код тебе, али ја се осећам као да имам 20. А како се осећаш, толико си и стар.

- Да, вечно дете, хахахахаха ...

- Код тебе се не виде године. Ти изгледаш једнако лепо као пре 15 година.

Сања је застала:

- ... Да?

- Да, да. Изгледаш сјајно. Знаш да сам био заљубљен у тебе?

- ... Ти у мене? ... Ма дај!

- Да, стварно. Био сам заљубљен у тебе преко ушију.

- Није истина. Ниси био заљубљен у мене, био си заљубљен у Меги. У нашу лепу Меги.

- Нисам.

- ... Ниси? Хахахахаха. А зашто си онда оженио Меги? И то одмах после матуре. Наша лепа Меги и наш лепи Бране нису дошли до универзитета јер љубав је била прејака. Зар не?

- Није било тако. – рекао је Бранислав.

- Не? Је ли те можда она молила да је ожениш?

Бранислав је сада постао озбиљан:

- Да, она ме је молила.

Сања је сада застала. Онда је након паузе рекла:

- Ах, пустимо то.

- Меги ме је молила да је оженим јер је имала проблема.

- Каквих проблема?

- Проблема са стомаком.

- ... Са стомаком?

- Да. Имала је дете у стомаку.

- ... Хоћеш да кажеш да је била трудна?

- Да.

Сања је кратко размишљала:

- Твоје дете?

Након кратке паузе Бранислав је рекао:

- Не, то није било моје дете.

Сања је кратко гледала Бранислава:

- И ти си био џентлмен?

- Да.

- ... Зашто, ако смем да питам?

- Кад ме ти ниси хтела.

- Ма дај!

- Ма озбиљно!

- Немој да причаш глупости!

- Зашто си стално гледала оног штребера Синишу? Он је био старији и ја нисам имао никакве шансе.

- Бре Бране, Синиша је мој рођак.

- ... Рођак?

- Ма да, рођак. Зар ниси то знао?

- ... Твој рођак?

- Да, фамилија Павловић је у роду с нама.

- ... Да?

- Да.

- Ах, тако ... Е, то нисам знао ... Ах, да сам знао!

Сања се насмејала:

- Да си знао, ти би ме оженио и ми бисмо били вечно заједно. Док нас смрт не растави, зар не? Хахахахахаха ...

- Хахахахахаха, тако је. И сада те не бих молио за посао.

Они су се смејали још кратко, а онда је Сања рекла:

- Бране, зашто тражиш посао? И зашто си у Сомбору?

- Преселио сам се с Меги две године после венчања. Меги је из Сомбора.

- Ах, да, она је из Сомбора. А зашто тражиш посао? Пре пет-шест година неко ми је рекао да имаш супер фирму.

- Имао сам супер фирму, то је истина. Али сада више немам фирму.

- Продавао си машине за паковање меда, зар не?

- Да. Откуд знаш?

- Чула сам.

Бранислав је уздахнуо:

- Да, све је било супер, али онда ме је мој колега механичар напустио и зато више нико није могао да одржава наше машине.

- И зато је твоја фирма отишла у конкурс?

- Хахахахаха. Да. Како знаш? ... Имао сам једну муштерију која је купила седам машина и све машине су се поквариле. Прави баксуз. Мој колега ме је оставио и ја нисам могао да одражавам машине. Муштерија ме је тужила и добуила је процес. Само ја му нисам могао ништа да платим јер у међувремену нико није хтео да купи машине које немају сервис за оправке.

Сања је кратко гледала Бранислава:

- Знаш, Бране, та муштерија – то је био мој муж.

Настала је пауза. Онда је Бранислав рекао:

- ... Јован Илић?

- Да.

- Али ти си рекла да се презиваш Добовац.

- Развели смо се и ја сам узела моје девојачко презиме.

- Ох ... Озбиљно? ... Жао ми је. Баш ми је жао, Сањице.

- Мој бивши муж је купио твојих седам машина, машине су се поквариле и он је морао одустати од производње меда.

- Сањице, нисам знао ... Озбиљно. Меги ме је оставила и био сам због тога парализован, нисам више гледао тако много шта се догађа с фирмом и с машинама. И онда нисам имао више муштерија и ...

Сања је хладно рекла:

- Мој муж је изгубио све муштерије које су куповале мед на велико.

- Баш ми је криво. Стварно. Да сам знао да је то био твој муж, ја бих ...

Сања га је прекинула:

- Шта би ти?

- Не знам, нешто бих направио ... Надам се да се нисте развели због меда и због глупих машина.

Опет је настала пауза. Након кратког Сања је рекла:

- Не, мед није био разлог.

- Онда мора да је било у питању млеко.

- ... Какво млеко?

- Знаш како се каже: у браку тече мед и млеко. Па ја

размишљам: ако није због меда, онда мора да је због млека.

- У браку тече мед и млеко? Хм, необична поређење ... Али није било ни због меда ни због млека.

- То ми је драго ... Мислим, није ми драго да си се развела, али бар нисам ја био разлог за вашу раставу брака.

- Разлог је била друга жена.

- Ох ...

- Да. Ха! Жена која се зове Јелена Томашевић – исто као певачица Јелена Томашевић. Замисли! То је иронија судбине – такмичити се с таквом конкуренцијом.

Бранислав је гледао Сању и прогутао кнедлу:

- ... Јелена Томашевић?

- Да. И јесте лепа као Јелена Томашевић.

- ... Јелена Томашевић?

- Да.

- Чиме се она бави?

- Ради на Пољопривредном универзитету као професорка ... Зашто тако гледаш? Да ли је познајеш?

- Сањице, знаш ... овај ...

- Шта сад? Познајеш је?

- Да ... Хоћу рећи, она је ... моја рођакиња.

Сања га је гледала кратко. Није знала како да реагује. Након неког времена почела је да се смеје:

- То је добар виц! Хахахахаха ... Твоја фамилија је одлучила да уништи моју фамилију и успела је у томе, хахаахаха ... Имаш још некога у твојој фамилији ко би могао да уништи још некога у мојој фамилији? Хахахахаха. На пример, моја кева је удовица и много је срећна, па ако имаш некога да је упропасти ... хахаахаха ...

Бранислав се није смејао:

- Жао ми је, Сањице, много ми је жао. Стварнно ...

Сања је одједном престала да се смеје и рекла је хладно:

- Не зови ме Сањица.

- Извини.

Опет је настала пауза. Након кратког Бранислав је рекао:

- Могу ли то некако да исправим?

Сања је цинично узвратила:

- Да, да, познато је како прошлост може да се исправи ...

- Ако те теши, и ја имам пропали брак иза себе.

- То ме не теши.

- Али можда ће да те утеши ако ти испричам како је било.

Сања је ћутала, а Бранислав је наставио:

- Знаш, када је Меги родила, ја сам био најсрећнији тата на свету. Дете није било моје, али то није играло никакву улогу за мене. Дете је дете, ја сам одлучио да му будем отац. Адоптирао сам нашу малу Петру и официјелно. И све је изгледало лепо ... Све док се није појавио Душан. Рођени отац детета.

Бранислав је направио кратку паузу, а Сања је рекла:

- То не звучи добро.

- Не, није било добро. Знаш како неки људи нешто желе тек онда када то други имају. Тако је било и с Душаном. Сад је захтевао да виђа своју ћерку иако је није видео три године. Меги је била против, али ја сам рекао да је то у реду. Он јесте отац детета и Петрица је имала право да то сазна. Боље пре него касније, тако сам размишљао. И онда, годину дана после, једног дана, Меги је једноставно отишла с Петрицом Душану. Преселила се код њега. Само тако, без најаве, као у филмовима – дошао сам кући и нашао празне ормане. Ни поруке, ни мрзим те, ни извини, ни жао ми је, ништа. Данима није хтела ни да се јави на мобилни.

- То је стварно ужасно ... – рекла је тихо Сања.

- И знаш шта је било на крају? Као шећер? ... Меги и ја смо се развели, али пошто је Меги остала без посла, а Душан ионако никад није имао посао нити је тражио посао, ја сада морам да плаћам алиментацију за Петрицу и за Меги.

- Ох ...

- Да. – тихо је рекао Бранислав.

- Имаш бар још увек контакт с дететом?

- Имам, видимо се сваки викенд. Она ме зове ”тата”, а Душан је ”други тата”. Ја сам за њу прави тата. Знам да то није лепо, али то је ипак моја сатисфакција.

- Схватам ...

- Да, то је моја прича.

- Нисам знала. – рекла је Сања.

Бранислав је уздахнуо:

- Тако да сада плаћам прилично високе своте – и алиментацију и дугове фирме.

Сања је погледала у папире испред себе:

- А где си до сада радио?

- Радио сам код једног познаника у његовом ресторану као конобар и водио сам му књиге. Али више не, ни њему више не иде добро посао. Тја ... И то се све догодило само зато јер ми нисмо били љубавни пар у школи.

Сања се насмешила:

- Мислиш?

Бранислав се исто насмешио:

- Наравно. Ми смо требали да се венчамо и да имамо децу. И то сада никако не смемо да пропустимо.

- Како то мислиш?

- Морамо бар да покушамо.

- Шта да покушамо?

- Да видимо шта смо пропустили.

- И како ћемо то да видимо?

- Ево овако: ја те позивам на кафу – то ће да буде наш

пропуштени састанак.

Сања се сада смејала:

- Бране, ти си у Сомбору, ја сам у Београду.

- Ја долазим у суботу ионако у Београд код брата у посету.

- Хм ... И шта ћемо да радимо на нашем проуштеном састанку?

- Попићемо кафу, то сигурно. – рекао је Бранислав весело.

- Ја не пијем кафу.

- Онда можеш да гледаш како ја пијем кафу.

Сања се опет насмејала:

- Ја сам мислила да ћеш да кажеш да ја могу да пијем чај док ти пијеш кафу.

Бранислав је рекао:

- Не, такав састанак имају другови или познаници. Наш састанак ће да буде другачији. Ја ћу да пијем кафу, а ти ћеш да ме гледаш.

- Звучи тако глупо да морам да пристанем.

- Да, мораш да пристанеш. – рекао је Бранислав.

- У реду. Онда пристајем.

- Хвала ти. Ипак можда можемо да променимо нашу историју.

- А што се тиче овог разговора за посао ...

- Да?

- Ја ћу да кажем колегиници да се ниси јавио.

Бранислав је рекао наоко разочарано:

- Ох ...

Након кратке паузе Сања се насмејала:

- Сад више не желиш да пијеш кафу са мном?

И Бранислав се насмејао:

- Не. Сада желим да идем на ручак с тобом. Али ти мораш да платиш ручак јер сам ја још увек незапослен.

Чуо се Сањин смех. Бранислав је рекао:

- Сада ти не желиш да се нађеш са мном?

Сања је рекла:

- То не би било фер.

- Значи – договорено?

- Договорено.

- У суботу у jedan, ресторан ”То је то”. Мој брат ме је тамо једном одвео и било је много згодно и прилично јефтино.

- Не. – одговорила је Сања.

- Не?

- Не. То је јефтин ресторан. Идемо у ”Гандолфини”. То је добар и скуп ресторан.

- Добро, али ја много једем.

- Ако нећу имати да платим, остаћеш да переш тањире.

Бранислав се насмејао:

- Важи.

- Важи.

- Онда до суботе, Сањице!

- До суботе!

- Баш ми је драго да смо се видели ...

- И мени ...

Песма "У том Сомбору"

Оригинални текст песме је следећи:

У том Сомбору свега на вољу,
свега има то ј´ истина,
па и жене пију вина
у том Сомбору.

Од како је та наша вармеђа*,
од та доба наше снаше**
заволеше тамбураше
у том Сомбору.

Од како је тај артески бунар***,

од то доба гра´ се кува,
а шунка се боље чува
у том Сомбору.

Женићу се ја, жена ми треба,
која знаде добро радит´
а ја ћу се господарит´
по том Сомбору.

* varmeđa (*Ung.* *v*ármegye:Verwaltungsgebiet) – Verwaltungsgebietgebäude; Verwaltungsgebiet in der Österreich-Ungarischen Monarchie; Kleinstadt

** snaša – Schwiegertochter; junge unverheiratete Tante; (*umgs.*) junge Frau

*** arteski bunar – artesischer Brunnen: das Wasser in solchem Brunnen liegt in einer Senke in der Erde und da es unter Druck liegt, steigt das Wasser von selbst hoch.

Ово је слободни превод песме на немачки:

In dieser Sombor-Stadt

In dieser Somobor-Stadt

gibt es alles was dein Herz begehrt,
es gibt wahrlich alles,
sogar Frauen trinken Wein
in dieser Sombor-Stadt.

Seit es diese unsere Varmedja gibt,
seit dieser Zeit haben unsere jungen Frauen
Tamburizzaspieler gern,
in dieser Sombor-Stadt.

Seit es diesen artesischen Brunnen gibt,
seit dieser Zeit werden Bohnen gekocht
und auf den Schinken wird besser aufgepasst,
in dieser Sombor-Stadt.

Ich werde heiraten, ich brauche eine Frau,
welche gut arbeiten kann,
und ich werde herumprotzen,
in dieser Sombor-Stadt.

Песма ”У том Сомбору” је староградска песма која се радо пева. Староградске песме су традиционалне народне песме које су настале у урбаним срединама. Настале су у 19. и 20. веку, а у Србији је то било у градовима као што су Београд, Нови Сад, Сомбор, Шабац итд. Староградске песме су популарне на целом Балкану и говоре о градским темама, о животу у граду, о љубавима, о познатим људима, о осећајима итд.

Инструменти на којима се свира староградска музика су тамбурица, виолина или кларинет док се типичпе традиционалне народне песме свирају на фрули, гајдама и другим народним инструментима. Почетком 20. века грађанско становништво у урбаним срединама развило је своју културу и тако је створило и властиту музику. Та ”модерна” музика се није бавила фолклорним темама као село, сељаци, радови у пољу итд. него је акцентуирала градску културу. Зато су и инструменти били другачији. Неки историчари музике кажу да је тамбурица дошла с истока из породице источних жичаних инструмената и раширила се преко Турске по целом Балкану. Тамбурица тако није била ”домаћи” инструмент и постала је део ”модерне” градcke музике. Та ”модерна” градска музка се данас назива староградска музика.

Овде је пар интересантних ствари у пести ”У том Сомбору”.

У песми постоји следећи стих у првој строфи:

од та доба наше снаше

заволеше тамбураше

Старoградске песме су биле симбол модернизма и као свака мода млади су је брзо прихватили. Тамбурица и тамбураши су били симболи града и напретка и млади (поготово младе девојке) су нашле у тамбурашима своје нове идоле. Традиционалне народне песме које су свирали ”паори” на фрулама или гајдама биле су симбол примитивне и једноставне културе како се то тада тумачило.

Такође и следећи стих је интересантан:

Од како је тај артески бунар,

*од то доба гра´ *се кува,*

а шунка се боље чува

** gra´(umgs.) = grah = pasulj – Bohnen*

Вода у артеском бунару је мекана и свако јело се брже и лакше скува у води из артеског бунара. Осим тога таква јела пријају много боље него кад се кувају у води из класичних бунара који су плитки и чија вода је тврда. Кад пасуљ (грах) прија, онда се он и чешће кува, а кад је пасуљ чешће на столу, онда домаћице могу да штеде на скупој шунки.

О аутору песме ”У том Сомбору” Блашку Марковићу

Блашко Марковић је рођен 1876. год. у Сомбору, а умро је у Прземислу/Пољска 1915. године.

Он је био по занимању зидар и веома је волео музику. Свирао је тамбурицу у једном тамбурашком оркестру – у то време су постојала у Сомбору четири мађарска оркестра и пет српских оркестара односно тамбурашких ”банди”. Блашко Марковић је писао и игроказе и песме. Он је био и социјално ангажован. Борио се за радничка права и био је један од организатора првомајских парада у Шикари код Сомбора. У првом светском рату је мобилизован у аустроугарску војску и послан у Галицију. Тамо је погинуо у месту Прземислу.

Песма ”У том Сомбору” је написана вероватно крајем 19. или почетком 20. века и била је само локално популарна. Тек 60-тих година 20. века популаризована је преко радија и грамофонских плоча и постала је хит.

70-их година у тадашњој веома популарној ТВ серији ”Образ уз образ” песма је певана на завршетку емитовања серије и уместо ”У ТОМ Сомбору” певано је ”У ТЕМ Сомбору”. Разлог је био што је аутор Блашко Марковић био Буњевац, припадник националне мањине у Војводини, а у буњевачком дијалекту се уместо ”том” каже ”тем”. Иако у оригиналном тексту стоји ”том”, данас се често пева ”У тем Сомбору”.

Песми ”У том Сомбору” су после додаване такође нове

строфе. Но без обзира на промене, песма је и данас веома омиљена и радо се пева. Најпознатији извођач те песме био је, и још увек јесте, Звонко Богдан који је рођен у Сомбору.

Vokabelliste

Abkürzungen:
abw. – abwertend
Akk. - Akkusativ
Dat. – Dativ
f – feminin
G. – Genitiv
hist. – historisch
inf. – Infinitiv
Lok. – Lokativ
m – maskulin
n – neutrum
Pl. – Plural
Sg. – Singular
umgs. – umgangssprachlich
Vok. – Vokativ
voll. – vollendeter Verbalaspekt

A

adoptirati, ja adoptiram – adoptieren

Ah, da sam znao! – Ach, wenn ich es gewusst hätte!

akcentuirati, ja akcentuiram – akzentuieren

ako – wenn, falls

ali – aber

alimentacija – Alimente

angažovan, angažovana (m/f) – engagiert

arteski bunar – artesischer Brunnen

austrougarska vojska – Österreich-Ungarns Heer, Landstreitkräfte Österreich-Ungarns

autor – Autor

B

bar – wenigstens

baksuz – Pechvogel

baš – (*Betonungswort*) ja, aber, doch

basket (*umgs.*) = košarka – Basketball

baviti se, ja se bavim – sich beschäftigen; čime se bavi? – was macht er/sie beruflich?

bez – ohne

bez obzira na – ungeachtet dessen

bivši, bivša, bivše (m/f) – ehemalig

bojati se, ja se bojim – fürchten, Angst haben

bolestan, bolesna, bolesno (m/f/n) – krank

bolje – besser; bolje pre nego kasnije – besser jetzt als später

boriti se, ja se borim – kämpfen

Bre! (*umgs.*) – Na, du! Mensch!

brže – schneller

brzi, brza, brzo (m/f/n) – schnell, flink

brzo – schnell

bunar – Brunnen

C

celi, cela, celo (m/f/n) – ganz

cinično – zynisch

Č

čekati, ja čekam – warten

češće – öfter

često – oft

čisti, čista, čisto (m/f/n) – sauber; rein

čuti, ja čujem – hören

čuvati, ja čuvam – aufpassen; aufbewahren; aufpassen; achten

Ć

ćerka – Tochter

ćutati, ja ćutim – schweigen

D

da – ja; dass

da si znao – wenn du es gewusst hättest

Daj, Brane! (*umgs.*) – Na komm, Brane!

dalje – weiter, weiterhin

dan – Tag; danima – tagelang

davno = nekad davno – einst, vor langer Zeit

deo – Teil

dete (Pl. deca) – Kind; bez deteta – ohne Kind; s detetom – mit dem Kind

devojačko prezime – Mädchenname

devojka – junge Frau

dnevna soba – Wohnzimmer

do sada – bis jetzt

doba – Zeit; od tog doba – seither, seitdem

dobiti, ja dobijem (*voll.*) – bekommen

dodavan (m) – ergänzt, dazugetan

događati se, ja se događam – passieren; šta se događa s firmom – was mit der Firma los ist

dogoditi se, ja se dogodim (*voll.*) – passieren

dogovoreno – abgemacht

dok – während, währenddessen; (sve) dok – bis, solange bis

dolaziti, ja dolazim – kommen

domaći – einheimisch

domaćica – Hausfrau

došli – gekommen; Inf: doći, ja dođem (*voll.*) – kommen, ankommen; PPA: došao, došla, došlo

drago > nije mi drago – es freut mich nicht

drago mi je – es freut mich, ich freue mich

drug (Pl. drugovi) – Freund

druga (f) – eine zweite; eine andere

drugačiji – anders

drugi – der andere; der zweite

drugi (Pl.) – andere

drugo odelo – der zweite Anzug, der andere Anzug

dug (Pl. dugovi) – Schuld; Schulden

džentlmen – Gentleman

E

E, to nisam znao. – Ach, das wusste ich nicht.

ekran – Bildschirm

elokventan, elokventna, elokventno (m/f/n) – eloquent, gesprächig

emitovanje – Ausstrahlung

Evo ovako. – Schau mal. Folgendes.

F

fazon (*umgs.*) – Scherz, Trick, lustige Sache

fer – Fair

film (Pl. filmovi) – Film

folklorna tema – Thema aus der Folklore

frizura – Haarschnitt

frula – Flöte

G

ga – ihn

gajde – Bockpfeife, Sackpfeife

Galicija – Galizien

gde – wo

glas – Stimme

glava – Kopf

glavna zvezda – Hauptattraktion

gledati, ja gledam – schauen; beachten

glumac – Schauspieler

glumačka sekcija – Theatergruppe in der Schule

glup, glupa, glupo (m/f/n) – blöd

glupost – Blödsinn, Blödheit

godina – Jahr; godinu dana – ein Jahr lang

goli, gola, golo (m/f/n) – nackt

gospodariti se, ja se gospodarim – (von *gospodarstvo* Haushof, *gospodar* Hausherr, Hofherr) – sich wie ein reicher und einflussreicher Hausherr oder Hofherr benehmen, als ein Reicher protzen

govoriti, ja govorim – sprechen, sagen, erzählen

gra´ = grah = pasulj – Bohnensuppe

grad (Pl. gradovi) – Stadt

građansko stanovništvo – Stadtbewohner

gradska kultura – städtische Kultur

gradska tema – Stadtthema

gramofonska ploča – Schallplatte

H

hit (Pl. hitovi) – Hit

hladno – kalt

htela – gewollt; Inf: hteti, ja hoću – wollen, möchten; PPA: hteo, htela, htelo

I

i – und; auch

iako – obwohl

idol – Idol

igrati, ja igram – spielen; nije igralo nikakvu ulogu – es spielte überhaupt keine Rolle

ih – (Akk. Pl.) sie

ili – oder

ima – es gibt

imati, ja imam – haben; ima – es gibt

ionako – so wie so

ipak – jedoch

ironija sudbine – Ironie des Schicksals

ispraviti, ja ispravim (*voll.*) – berichtigen, korrigieren, zurechtbiegen

ispred – vor

ispričati, ja ispričam (*voll.*) – erzählen

istina – Wahrheit; to nije istina – das ist nicht wahr

isto – ebenfalls, auch

istočni (m) – östlich

istok – Ost

istoričar – Historiker

istorija – Geschichte; Vergangenheit

istrljati, ja istrljam (*voll.*) – abreiben, ausreiben

itd. = i tako dalje – und so weiter

iz – aus

iza – hinter; iza mene – hinter mir

izgledati, ja izgledam – aussehen

izgubiti, ja izgubim (*voll.*) – verlieren

iznošen, iznošena, iznošeno (m/f/n) – abgetragen

Izvini. – Verzeih mir.

izvođač – Interpret

J

j´ = je – ist

jak, jaka, jako (m/f/n) – stark

javiti se, ja se javim (*voll.*) – melden

je – ist; (Akk. Sg.) sie

Je li? – Ist das so?

jedan, jedna, jedno (m/f/n) – ein, eine, ein

jednako – gleich; izgledaš jednako – du siehst gleich aus

jednog dana – eines Tages

jednom – einmal

jednostavno – einfach

jeftin, jefitna, jeftino (m/f/n) – billig

jeftino – billig

jelo – Speise

jer – weil

još – noch

K

kakav, kakva, kakvo (m/f/n) – was für ein/eine/ein

kako – wie

kao – wie (*vergleichend*); wie; als ob

kapirati, ja kapiram (*umgs.*) – verstehen, kapieren

kažem – ich sage; Inf: kazati, ja kažem – sagen

keva (*umgs.*) – Mutter

klarinet – Klarinett

klasičan, klasična, klasično (m/f/n) – klassisch

klupa – Sitzbank

knedla – Knödel; progutati knedlu (*Phrase*) – den Kloß im Hals haben

kod – bei

kolega – Kollege

koleginica – Kollegin

konkurs – Konkurs; otići u konkurs, ja odem u konkurs (*voll.*) – in Konkurs gehen

kosa – Haar

košulja – Hemd

kraj – Ende; na kraju – zum Schluss

krajem – am Ende; krajem 19. veka – Ende 19. Jahrhundert

kratko – kurz

kravata – Krawatte

krivo – uneben; falsch; baš mi je krivo (*umgs.*) – es tut mir echt leid

kuća – Haus; Zuhause; kući – nach Hause

kultura – Kultur

kupatilo – Badezimmer

kupiti, ja kupim (*voll.*) – kaufen

kupovati, ja kupujem – kaufen; kupovati na veliko – Großhandel betreiben

kuvati, ja kuvam – kochen

L

lep, lepa, lepo (m/f/n) – schön

ležati, ja ležim – liegen

loš, loša, loše (m/f/n) – schlecht

Lj

ljubav – Liebe

ljubavni par – Liebespaar

ljudi – Menschen, Leute

M

Ma da. (*umgs.*) – Aber ja.

Ma daj! (*umgs.*) – Na komm!

Ma ozbiljno!(*umgs.*) – Aber sicher! Na ernsthaft!

mađarski – ungarisch

manjina – Minderheit

mašina – Maschine

me – mich

med – Honig

med i mleko – Honig und Milch

međuvremenu > u međuvremenu – in der Zwischenzeit

mekan, mekana, mekano (m/f/n) – weich

mene – mich; mir

mesto – Platz, Ortschaft

mi – wir; mir

misliti, ja mislim – denken, meinen

mlad, mlada, mlado (m/f/n) – jung

mladi (Pl.) – junge Leute, Jugendliche

mleko – Milch

mobilizovan (m) – mobilisiert

mobilni (telefon) – Handy

moda – Mode

modernizam – Modernismus

moliti, ja molim – bitten

morati, ja moram – müssen

možda – vielleicht

mrlja – Fleck

mrziti, ja mrzim – hassen

mu – ihm

mušterija – Kunde

muž (Pl. muževi) – Ehemann

N

nacionalna manjina – nationale Minderheit

nadati se, ja se nadam – hoffen

nađeš se – du triffst dich; Inf: naći se, ja se nađem (*voll.*) – sich mit j-m. treffen (*geplant*)

najava – Anküdigung

najpametniji, najpametnija, najpametnije (m/f/n) – der/die/das klügste najpoznatiji, najpoznatija, najpoznatije (m/f/n) – der/die/das berühmteste

najsrećniji, najsrećnija, najsrećnije (m/f/n) – der/die/das glücklichste

najviše – am meisten

nakašaljati se, ja se nakašljem (*voll.*) – sich räuspern

nakon – nach; nakon kratkog – nach kurzer Zeit

naoko – anscheinend

napisan, napisana, napisano (m/f/n) – geschrieben

napraviti, ja napravim (*voll.*) – machen; erstellen; tun

napretka (G) > N: napredak – Progress, Fortschritt

napustiti, ja napustim (*voll.*) – verlassen

narodna pesma – Volkslied

narodni instrument – Volksinstrument

našle – gefunden; Inf: naći, ja nađem (*voll.*) – finden, vorfinden

nasmešiti se, ja se nasmešim (*voll.*) – lächeln, anlächeln

nasmejati se, ja se nasmejem (*voll.*) – lachen

nastati, ja nastanem (*voll.*) – entstehen

nastaviti, ja nastavim – fortsetzen

nazivati se, ja se nazivam – sich nennen

nego – als; sondern

nekad davno – vor langer Zeit, einst

nekako – irgendwie

neki (Pl.) – manche

neki, neka, neko (m/f/n) – ein, eine, ein; irgendwelcher, irgendwelche, irgendwelches

neko – jemand

nekoga – jemanden

neobičan, neobična, neobično (m/f/n) – ungewöhnlich, merkwürdig

nesiguran, nesigurna, nesigurno (m/f/n) – unsicher

nestati, ja nestanem (*voll.*) – verschwinden

nešto – etwas

nezaposlen, nezaposlena (m/f) – arbeitslos

ni – auch nicht; nicht mal

ni – ni = weder – noch

nikad – niemals, nie

ništa – nichts

niti – auch nicht

no – aber

noga – Bein; Fuß

nositi, ja nosim – tragen

nov, nova, novo (m/f/n) – neu

O

o – über, von

obraz – Wange

obukao – angezogen; Inf. obući, ja obučem – (etwas) anziehen; PPA: obukao, obukla, obuklo

obzir > bez obzira na – ungeachtet dessen

od kako – seit

odeljenje – Klasse

odelo – Anzug

odjednom – plötzlich

odlučiti, ja odlučim (*voll.*) – entscheiden, beschließen

odmah – gleich; odmah nakon mature – knapp nach der Matura; dolazim odmah – ich komme gleich

odnosno – beziehungsweise

održavati, ja održavam – warten

odustati, ja odustanem (*voll.*) – aufgeben

odvesti, ja odvedem (*voll.*) – bringen, mitbringen

oficijelno – offiziell

ogledalo – Spiegel

okrugao, okrugla, okruglo (m/f/n) – rund

omiljen, omiljena, omiljeno (m/f/n) – beliebt

omiljena pesma – Lieblingslied

onda – dann

opet – wieder, erneut

opušten, opuštena, opušteno (m/f/n) – entspannt

orman – Kleiderschrank

osećaj – Gefühl

osećati se, ja se osećam – sich fühlen

osim toga – außerdem

osnovna škola – Grundschule (*8 Jahre*)

ostati, ja ostanem (*voll.*) – bleiben

ostaviti, ja ostavim (*voll.*) – verlassen

otac – Vater

otišao – gegangen; inf. otići, ja odem (*voll.*) – gehen, weggehen

otkud – woher

otvoriti, ja otvorim (*voll.*) – aufmachen

ovaj ... (*umgs.*) – hm ..., ach ...

ovaj, ova, ovo – dieser, diese, dieses

ovde – hier

ozbiljan, ozbiljna, ozbiljno (m/f/n) – ernst

oženiti, ja oženim (*voll.*) – heiraten (*Mann*)

P

pa – dann, und, dann

pakovanje > mašina zu pakovanje meda – Maschine zur Verpackung des Honigs

pametan, pametna, pametno (m/f/n) – gescheit, klug

panatalone – Hose

paor (*Lok.*) – Bauer; *umgangssprachlich abwertend für den Bauer*

par – paar; Paar

paralizovan, paralizovana (m/f) – paralysiert, gelähmt

pauza – Pause

pažnja – Achtung; biti u centru pažnje – Aufmerksamkeit auf sich ziehen

pereš – wäschst; Inf: prati, ja perem – waschen

pesma – Lied; Gedicht

pevačica – Sängerin

pevan, pevana, pevano (m/f/n) – gesungen

pevati, ja pevam – singen

pisaći stol – Schreibtisch

pisati, ja pišem – schreiben

pitanje – Frage; biti nešto u pitanju – es handelt sich von

pitati, ja pitam – fragen

piti, ja pijem – trinken

plaćati, ja plaćam – zahlen

platiti, ja platim (*voll.*) – zahlen, bezahlen

plitak, plitka, plitko (m/f/n) – seicht, flach, platt

početi, ja počnem (*voll.*) – anfangen, beginnen

početkom – anfangs

poginuti, ja poginem (*voll.*) – ums Leben kommen, fallen

pogledati, ja pogledam (*voll.*) – anschauen, einen Blick werfen

pogotovo – besonders

pojaviti se, ja se pojavim – erscheinen, auftauchen

pokušati, ja pokušam (*voll.*) – versuchen

pokvariti se, ja se pokvarim (*voll.*) – kaputt werden

polako – langsam

poljoprivredni univerzitet – landwirtschaftliche Universität

Poljska – Polen

pomisliti, ja pomislim (*voll.*) – auf den Gedanken kommen, einfallen

ponovo – erneut, wieder

popićemo = mi ćemo popiti (*voll.*) – wir werden trinken

popularan, popularna, popularno (m/f/n) – populär

poređenje – Vergleich

porodica – Familie

poruka – Nachricht

posao – Arbeit; Job

poseta – Besuch

poslan (m) – geschickt

posle – nach; nachher

postati, ja postanem (*voll.*) – werden

pošto – (*Konjunktion*) da, weil

postojati, ja postojim – existieren, bestehen, es geben

potrajati, ja potrajam (*voll.*) – dauern; Malo je potrajalo. – Es hat ein bisschen gedauert.

potvrditi, ja potvrdim (*voll.*) – bestätigen

poza – Posse

poziv – Anruf

pozivati, ja pozivam – einladen

poznanici (Pl.) – Bekannte

poznanik – Bekannter

poznat, poznata, poznato (m/f/n) – berühmt; bekannt

poznato – bekannt

poznavati, ja poznajem – kennen

pozornica – Bühne

pravi, prava, pravo (m/f/n) – richtig

pravo – Recht; recht

prazan, prazna, prazno (m/f/n) – leer

pre – vor; bevor

predstava – Aufführung

prejak, prejaka (m/f) – zu stark, zu groß

prekinuti, ja prekinem (*voll.*) – unterbrechen

preko – über, durch

premali, premala, premalo (m/f/n) – zu klein, zu eng

preseliti se, ja se preselim (*voll.*) – umziehen

prevod – Übersetzung

prezivati se, ja se prezivam – beim Familiennamen nennen

priča – Geschichte

pričati, ja pričam – sagen, erzählen

prihvatiti, ja prihvatim – akzeptieren

prijati, ja prijam – schmecken; prija mi – es schmeckt mir gut

prilično – ziemlich

primer – Bespiel; na primer – zum Beispiel

primitivan, primitivna, primitivno (m/f/n) – primitiv

pripadnik – Zugehöriger

pripremiti, ja pripremim (*voll.*) – vorbereiten

pristati, ja pristanem (*voll.*) – zusagen

privreda – Wirtschaft

proces – Prozess

prodavati, ja prodajem – verkaufen

profesorka – Professorin

progutati, ja progutam (*voll.*) – schlucken; progutati knedlu (*Phrase*) – einen Kloß im Hals haben

proizvodnja – Produktion

promena – Änderung

promeniti, ja promenim (*voll.*) – ändern

propali (m) – heruntergekommen; propali brak – gescheiterte Ehe

propušten, propuštena, propušteno (m/f/n) – verpasst

propustiti, ja propustim (*voll.*) – verpassen

prošlost – Vergangenheit

protiv – dagegen; gegen

proveriti, ja proverim – kontrollieren

prvi svetski rat – der Erste Weltkrieg

prvomajska parada – Parade am 1. Mai

pustiti, ja pustim (*voll.*) – lassen; Pustimo to! – Lassen wir das!

put – Weg; na putu – unterwegs

R

rad (Pl. radovi) – Arbeit; radovi u (*oder*: na) polju – Feldarbeit

radio – Radio; G: radija

radit´ = raditi, ja radim – arbeiten; machen

radnička prava – Rechte der Arbeiter

rado – gerne

rođen, rođena (m/f) – geboren; rođeni otac – leiblicher Vater

raširiti se, ja se raširim – sich ausbreiten, sich verbreiten

raspoložen, raspoložena, raspoloženo (m/f/n) – gelaunt

rastava braka – Ehescheidung

rastaviti, ja rastavim (*voll.*) – trennen; sve dok nas smrt ne rastavi – bis uns der Tod scheidet

razgovor – Gespräch

razgovor za posao – Vorstellungsgespräch

razlog – Ursache, Grund

razmišljati, ja razmišljam – denken, nachdenken, sich überlegen

razočarano – enttäuscht

razumeti, ja razumem – verstehen

razvesti se, ja se razvedem (*voll.*) – sich scheiden lassen

razviti, ja razvijem (*voll.*) – entwickeln

razvukla – gezogen; Inf: razvući, ja razvučem (*voll.*) – ziehen; razvući usta u osmeh – die Mundwinkel nach oben ziehen

reagovati, ja reagujem – reagieren

red – Ordnung; u redu – in Ordnung

rekao/rekla – gesagt; Inf: reći – sagen; PPA: rekao, rekla, reklo

rod – Stamm; biti u rodu s – verwandt sein mit

rođak – Vetter

rođakinja (f) – Verwandte

rođen, rođena (m/f) – geboren

roditi, ja rodim – gebären

ručak – Mittagessen

S

s – mit; von

s nama – mit uns

sa = s – mit; von

sada = sad – jetzt

sagovornica – Gesprächspartnerin

sako – Sakko

samo – nur

Sanjica (*Kosename*) = mala Sanja – die kleine Sanja; Sanjice! (*Vokativ*)

sastanak – Verabredung

sat – Uhr

saznati, ja saznam (*voll.*) – erfahren

se – sich; man; znaš kako se kaže? – weißt du wie man sagt?

seljaci (Pl.) – Bauern; Sg: seljak – Bauer

selo – Dorf

seo – gesetzt; Inf: sesti, ja sednem – sich setzen; PPA: seo, sela, selo

servis za opravke – Reparaturservice

shvatati, ja shvatam – verstehen

sigurno – sicher

simbol – Symbol

sjajno – glänzend; wunderschön

skup, skupa, skupo (m/f/n) – teuer

skuvati, ja skuvam (*voll.*) – kochen

sledeći, sledeća, sledeće (m/f/n) – folgender, nächster

slici (Dat.) – dem Bild; N: slika – Bild

slobodan, slobodna, slobodno (m/f/n) – frei; slobodni prevod – freie Übersetzung

slušati, ja slušam – hören

smejati se, ja se smejem – lachen

smeti, ja smem – dürfen

smrt – Tod

snaša – Schwiegertochter; junge unverheiratete Tante; (*umgs.*) junge Frau

spavaća soba – Schlafzimmer

spor, spora, sporo (m/f/n) – langsam

srećan, srećna, srećno (m/f/n) – glücklich

sredina – Umgebung, Umfeld

srpski (m) – serbisch

stajati, ja stojim – stehen

stalno – andauernd, stets

star, stara, staro (m/f/n) – alt

stariji, starija, starije (m/f/n) – älter

starogradska pesma – Altstadtlied

staromodan, staromodna, staromodno (m/f/n) – altmodisch

stih – Vers

sto – Tisch

stomak – Magen

strofa – Strophe

stvar – Sache

stvarno – wirklich

subota – Samstag

sudbina – Schicksal

svaki, svaka, svako (m/f/n) – jeder, jede, jedes

sve dok – bis

svega – alles; svega na volju – alles was dein Herz begehrt

svet – Welt

svi, sve, sva (Pl. m/f/n) – alle

svirati, ja sviram – spielen (*Instrument*), musizieren

svoj, svoja, svoje (m/f/n) – eigen

svota – Summe

Š

šaliti se, ja se šalim – scherzen; Nemoj da se šališ! (*umgs.*) – Das ist ja nicht wahr! Mach´ keine Scherze!

šansa – Chance

šaren, šarena, šareno (m/f/n) – bunt

šećer – Zucker

škola – Schule

štedeti, ja štedim – sparen

štreber (*umgs.*) – Streber

šunka – Schinken

T

ta (f) – diese

tada – damals

tadašnji, tadašnja (m/f) – damalig

taj, ta, to – dieser, diese, dieses

takmičiti se, ja se takmičim – am Wettbewerb teilnehmen

takođe – auch, ebenfalls

tamburaš – Tamburizzaspieler

tamburica – Tamburizza

tamno (n) – dunkel

tamo – dort

tanjir – Teller

te – dich

tebe – dich; dir

teče – es fließt. Inf: teći, ja tečem – fließen

tek – erst; tek onda – erst dann

tema – Thema

tešiti, ja tešim – trösten

tiče > što se tiče – was (das) betrifft, betreffend

tih – (G. Pl.) dieser; 60-tih – in den 60-ern

tiho – leise

tip (*umgs.*) – Type, Kerl

tipičan, tipična, tipično (m/f/n) – typisch

to – das

to mi je drago – das freut mich

toliko – soviel

tradicionalan, tradicionalna, tradicionalno (m/f/n) – traditionell

tražiti, ja tražim – suchen

trebati, ja trebam – brauchen; sollen; šta mi je to trebalo? – Wozu habe ich das gebraucht?

trudna (f) – schwanger

tumačiti, ja tumačim – deuten

Turska – Türkei

tužiti, ja tužim – verklagen

tvrd, tvrda, tvrdo (m/f/n) – hart

U

udovica – Witwe

uključiti, ja uključim – einschalten

umesto – statt

umro/umrla (m/f) – gestorben

uništiti, ja uništim (*voll.*) – zerstören

uopšte – überhaupt

upoznati, ja upoznam (*voll.*) – kennenlernen

upropastiti, ja upropastim (*voll.*) – ins Unglück stürzen

urbana sredina – urbane Gegend

ušiju (G. Pl.); N: uho (Pl. uši) – Ohr; biti zaljubljen preko ušiju (*Phrase*) – verliebt bis über beide Ohren

uskoro – bald

uspeti, ja uspem (*voll.*) – schaffen

utešiti, ja utešim (*voll.*) – trösten

uvek – immer

užasno – schrecklich

uzdahnuti, ja uzdahnem (*voll.*) – seufzen

uzeti, ja uzmem (*voll.*) – nehmen

uzvratiti, ja uzvratim (*voll.*) – erwidern

V

valjda – wahrscheinlich

vam – Ihnen; euch

varmeđa (*hist.*) – Verwaltungsgebietsgebäude; Verwaltungsgebiet in der Österreich-Ungarischen Monarchie; Kleinstadt

važi (*umgs.*) – abgemacht, in Ordnung

već – schon

večan, večna, večno (m/f/n) – ewig

vek – Jahrhundert

veliko – groß; kupovati na veliko – Großhandel betreiben

venčanje – Hochzeit

venčano odelo – Hochzeitsanzug

venčati se, ja se venčam (*voll.*) – heiraten

verovati, ja verujem – glauben; denken; Ne bi verovala! – Du würdest es nicht glauben!

verovatno – wahrscheinlich

veselo – fröhlich

vezati, ja vežem – binden

vic (pl. vicevi) – Witz, Scherz

viđati, ja viđam – j-n. oft sehen

video – gesehen; Inf: videti, ja vidim – sehen

videti, ja vidim – sehen; PPA: video, videla, videlo

vikend – Wochenende

violina – Geige

visiti, ja visim – hängen

visok, visoka, visoko (m/f/n) – hoch; groß

vlastit, vlastita, vlastito (m/f/n) – eigen

voditi, ja vodim – führen

vojska – Armee

voleti, ja volim – lieben; j-n. gern haben; etwas gern tun

volja – Wille; svega na volju – alles was dein Herz begehrt

Voždovac – *Stadtteil in Beograd*

vreme – Zeit; u to vreme – zu dieser Zeit; nakon nekog vremena – nach einiger Zeit

Z

za – für

zadnji, zadnja, zadnje (m/f/n) – letzter, letzte, letztes

zahtevati, ja zahtevam – verlangen

zajedno – gemeinsam

zaljubljen, zaljubljena (m/f) – verliebt

Zamisli! – Stell dir vor!

zapevati, ja zapevam (*voll.*) – anfangen zu singen

zar – *Hilfswort bei einer Frage*

zar ne – nicht wahr

zastati, ja zastanem (*voll.*) – innehalten

zašto – warum

zato – weil, deswegen

zato što – weil

zavezati, ja zavežem (*voll.*) – binden

zavoleše (*hist.*) – sie hatte j-n. gern

završetak – Schluss; na završetku – zum Schluss

zbog – wegen; zbog toga – deswegen

zbuniti se, ja se zbunim – verwirrt sein, verwirrt werden

zgodno – hübsch

zgužvan, zgužvana, zgužvano (m/f/n) – zerknittert

zidar – Maurer

znade (*umgs.*) = zna – sie kann

znati, ja znam – wissen; kennen; können

zvati, ja zovem – nennen

zvezda – Stern; Star (*z.B. Filmstar*)

zvučiti, ja zvučim – klingen

Ž

žao mi je – es tut mir leid

žena – Frau; Ehefrau

ženiti se, ja se ženim – heiraten (*Mann*)

ženski, ženska, žensko (m/f/n) – weiblich; ženska glava (*umgs. abw.*) – Weib

žičani instrument – Saiteninstrument

život – Leben

SERBISCH LERNEN

Erhältlich seit Jänner 2024

Sprachstufe A1

Snežana Stefanović: IDEMO DALJE 1 – Lesebuch
Taschenbuch, E-Book, Hörbuch, interaktives E-Book mit Hörtexten

Snežana Stefanović: Vokabeltrainer A1 zum Buch IDEMO DALJE 1
Taschenbuch & E-Book

Snežana Stefanović: SERBISCH: Einfache Sätze 1
Taschenbuch, E-Book, Hörbuch, interaktives E-Book mit Hörtexten

Snežana Stefanović: SERBISCH: Einfache Sätze 2
Taschenbuch, E-Book, Hörbuch, interaktives E-Book mit Hörtexten

Snežana Stefanović: Trifun i mali fudbaleri – Kurzgeschichte
Taschenbuch & E-Book

Snežana Stefanović: IDEMO DALJE 2 - Lesebuch
Taschenbuch, E-Book, Hörbuch, interaktives E-Book mit Hörtexten

Snežana Stefanović: Serbisch Kyrillisch lernen
Taschenbuch & E-Book

Snežana Stefanović: Kleiner Reisewortschatz
E-Book

Sprachstufe A2

Snežana Stefanović: IDEMO DALJE 3 – Lesebuch
Taschenbuch & E-Book

Snežana Stefanović: SERBISCH Witze und Anekdoten 1. Teil
Taschenbuch & E-Book

Snežana Stefanović: SERBISCH Witze und Anekdoten 2. Teil
Taschenbuch & E-Book

Sprachstufe A2 – B1

Snežana Stefanović: IDEMO DALJE 4 – Lesebuch
Taschenbuch & E-Book

Sprachstufe C1

Snežana Stefanović: Vreme – Zeit, Wetter – Kurzgeschichten
Taschenbuch & E-Book

Besuchen Sie uns auf unserer Webseite

www.serbisch-lernen.com

und erfahren Sie mehr über die Serie „Serbisch lernen“ sowie über fortlaufende Veröffentlichung neuer Bücher